Copyright do texto © 2005 by Silmara Rascalha Casadei e
Nílson José Machado
Copyright das ilustrações © 2005 by Vera Andrade
Copyright da edição © 2005 by Escrituras Editora

Todos os direitos reservados. Nenhuma parte desta edição pode ser utilizada ou reproduzida – em qualquer meio ou forma, seja mecânico, eletrônico, fotocópia, gravação etc. – nem apropriada ou estocada em sistema de banco de dados, sem a expressa autorização da editora.

Editor Raimundo Gadelha
Coordenação editorial Helena M. Uehara
Revisão do texto Denise Pasito Saú
Projeto gráfico e ilustrações Vera Andrade
Impressão Palas Athena

Dados Internacionais de Catalogação na Publicação (CIP)
(Câmara Brasileira do Livro, SP, Brasil)

Casadei, Silmara Rascalha
   Seis razões para amar a natureza / Silmara Rascalha Casadei e Nílson José Machado; ilustrações Vera Andrade. – São Paulo: Escrituras Editora, 2005. – (Coleção Escritinha)

ISBN: 85-7531-200-6

   1. Natureza – Literatura infanto-juvenil I. Machado, Nílson José. II. Andrade, Vera. III. Título. IV. Série.

05-9300   CDD-028.5

Índices para catálogo sistemático:

1. Natureza: Literatura infantil   028.5
2. Natureza: Literatura infanto-juvenil   028.5

1ª edição, São Paulo, dezembro de 2005.

Escrituras Editora e Distribuidora de Livros Ltda.
Rua Maestro Callia, 123
04012-100 – Vila Mariana - São Paulo, SP
Tel.: (11) 5082-4190
E-mail: escrituras@escrituras.com.br
http://www.escrituras.com.br

Impresso no Brasil
Printed in Brazil

SEIS RAZÕES PARA
AMAR A NATUREZA

Silmara Rascalha Casadei
Nílson José Machado

ilustrações
Vera Andrade

coleção escritinha

página 7

11

15

19

23

27

SAIBA MAIS... página 31

- MICO-LEÃO-DOURADO — 32
- ARARA-AZUL — 33
- PEIXE-BOI-MARINHO — 34
- BALEIA-JUBARTE — 35
- GAVIÃO-REAL — 36
- TARTARUGA-VERDE — 37

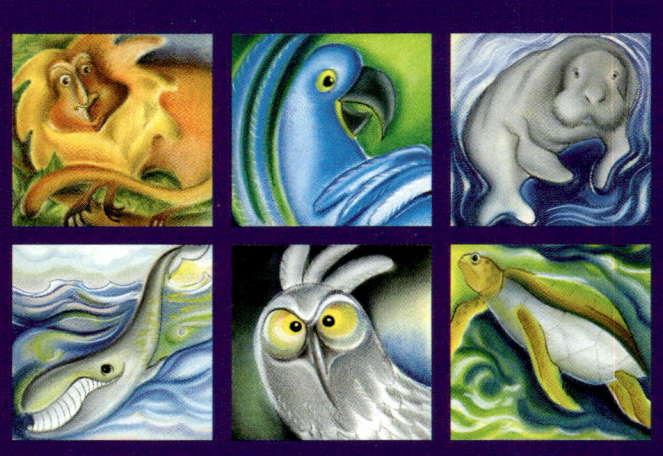

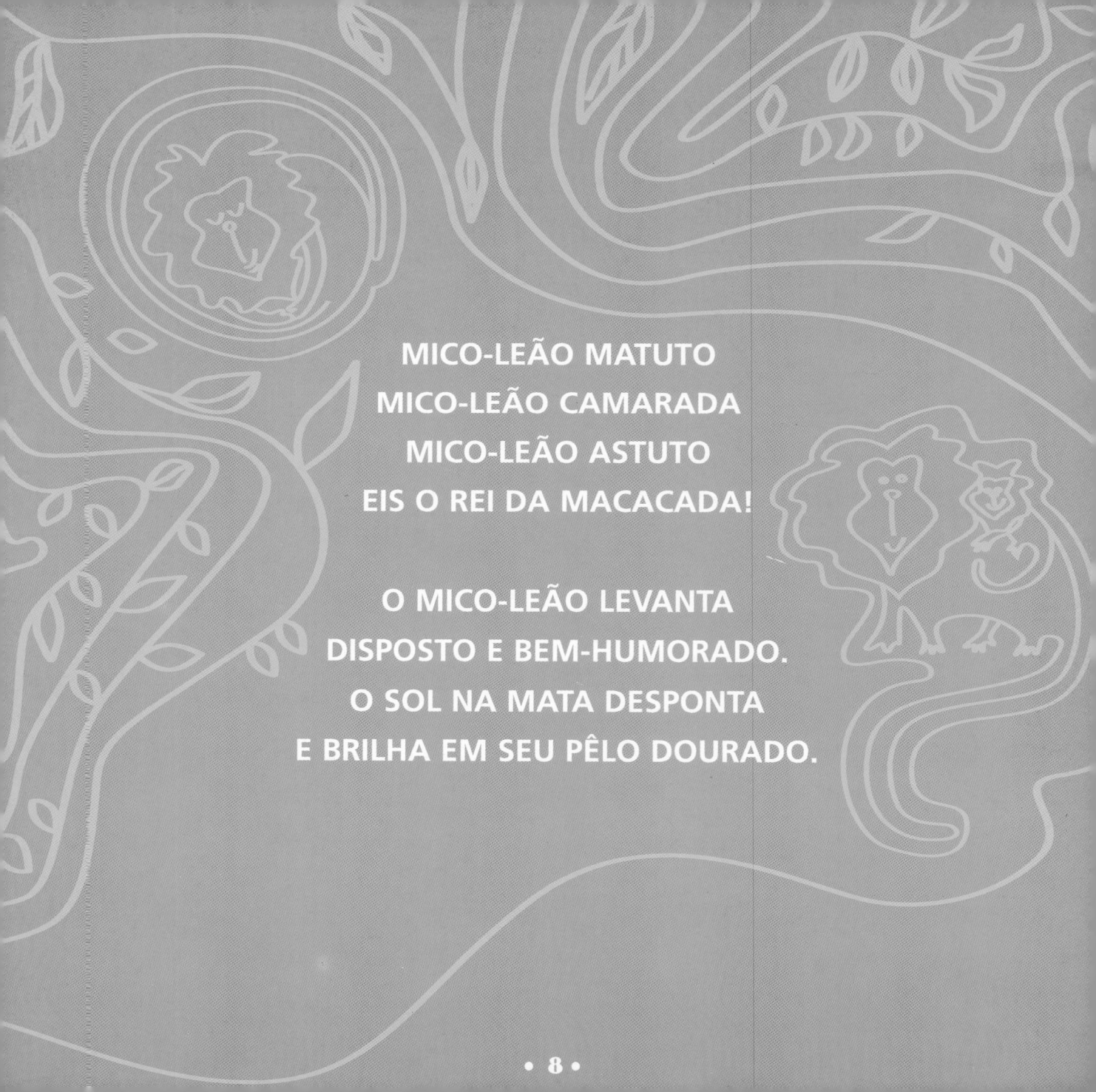

MICO-LEÃO MATUTO
MICO-LEÃO CAMARADA
MICO-LEÃO ASTUTO
EIS O REI DA MACACADA!

O MICO-LEÃO LEVANTA
DISPOSTO E BEM-HUMORADO.
O SOL NA MATA DESPONTA
E BRILHA EM SEU PÊLO DOURADO.

COMEÇA O DIA BRINCANDO,
PULANDO DE GALHO EM GALHO,
SORVENDO COM O SEU BANDO
AS GOTAS FRESCAS DO ORVALHO.

ESSA ALEGRE MACACADA
SOFREU COM O DESMATAMENTO.
DESTRUÍRAM SUAS MORADAS,
RAREARAM OS CASAMENTOS.

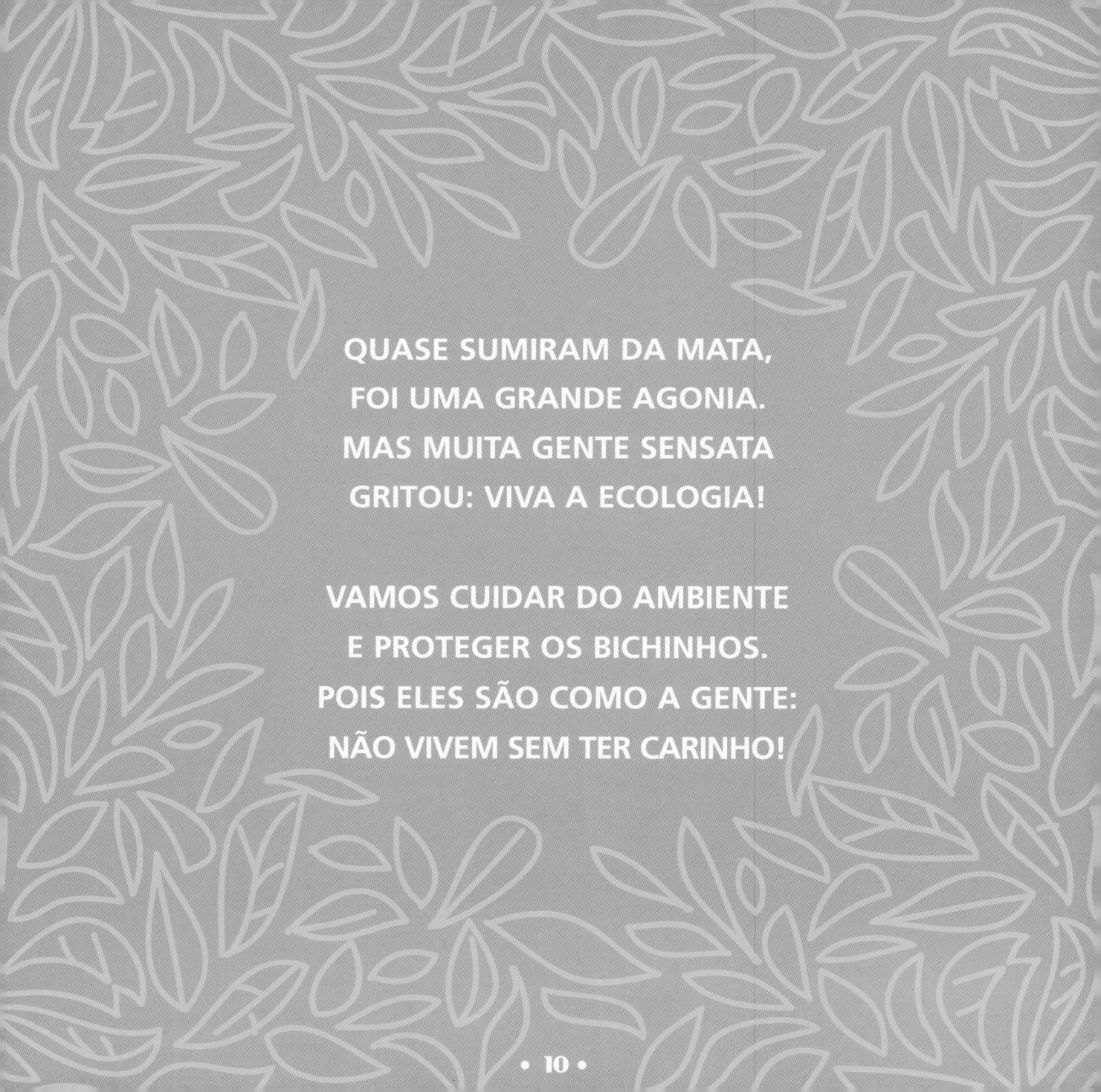

QUASE SUMIRAM DA MATA,
FOI UMA GRANDE AGONIA.
MAS MUITA GENTE SENSATA
GRITOU: VIVA A ECOLOGIA!

VAMOS CUIDAR DO AMBIENTE
E PROTEGER OS BICHINHOS.
POIS ELES SÃO COMO A GENTE:
NÃO VIVEM SEM TER CARINHO!

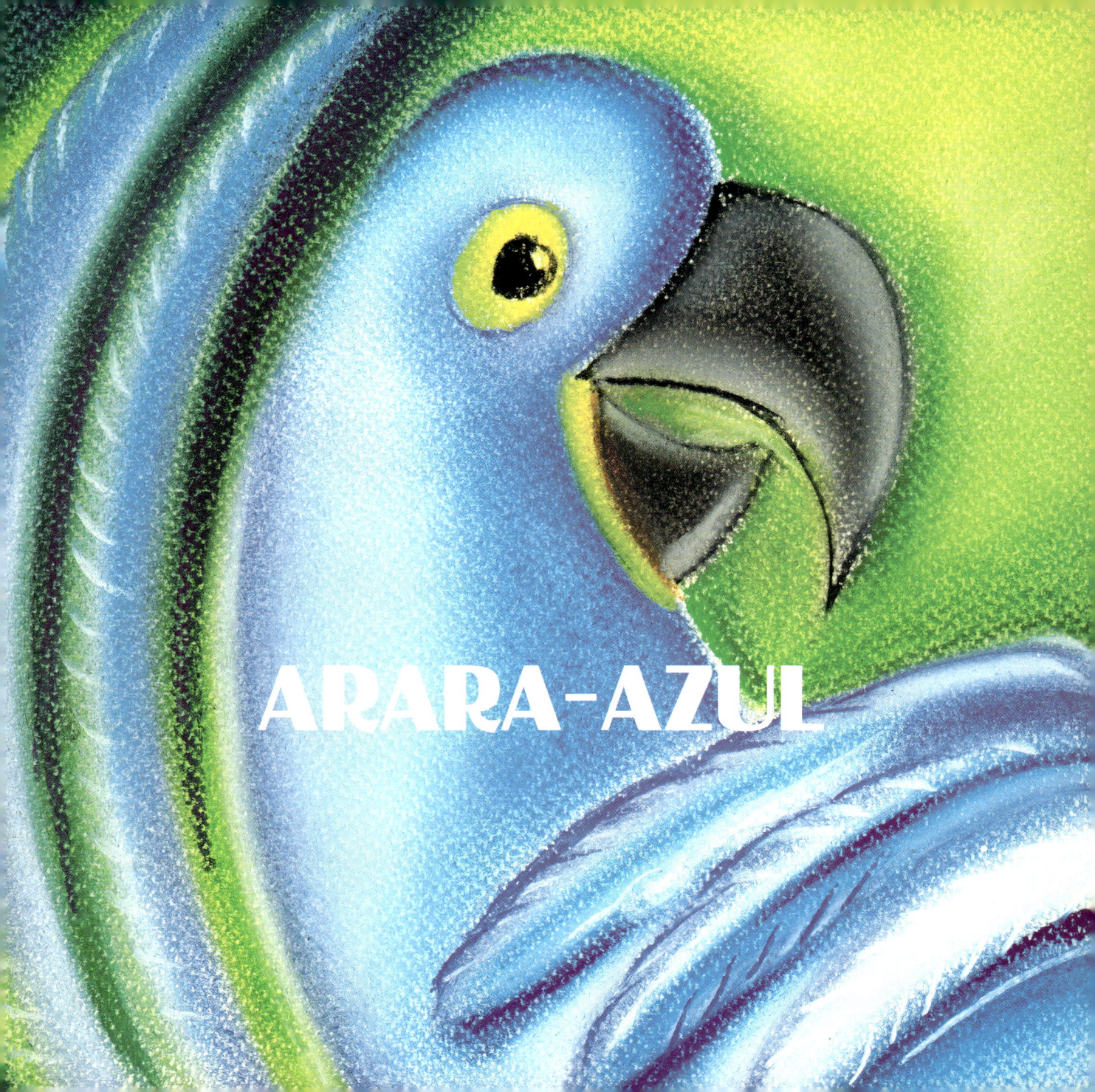

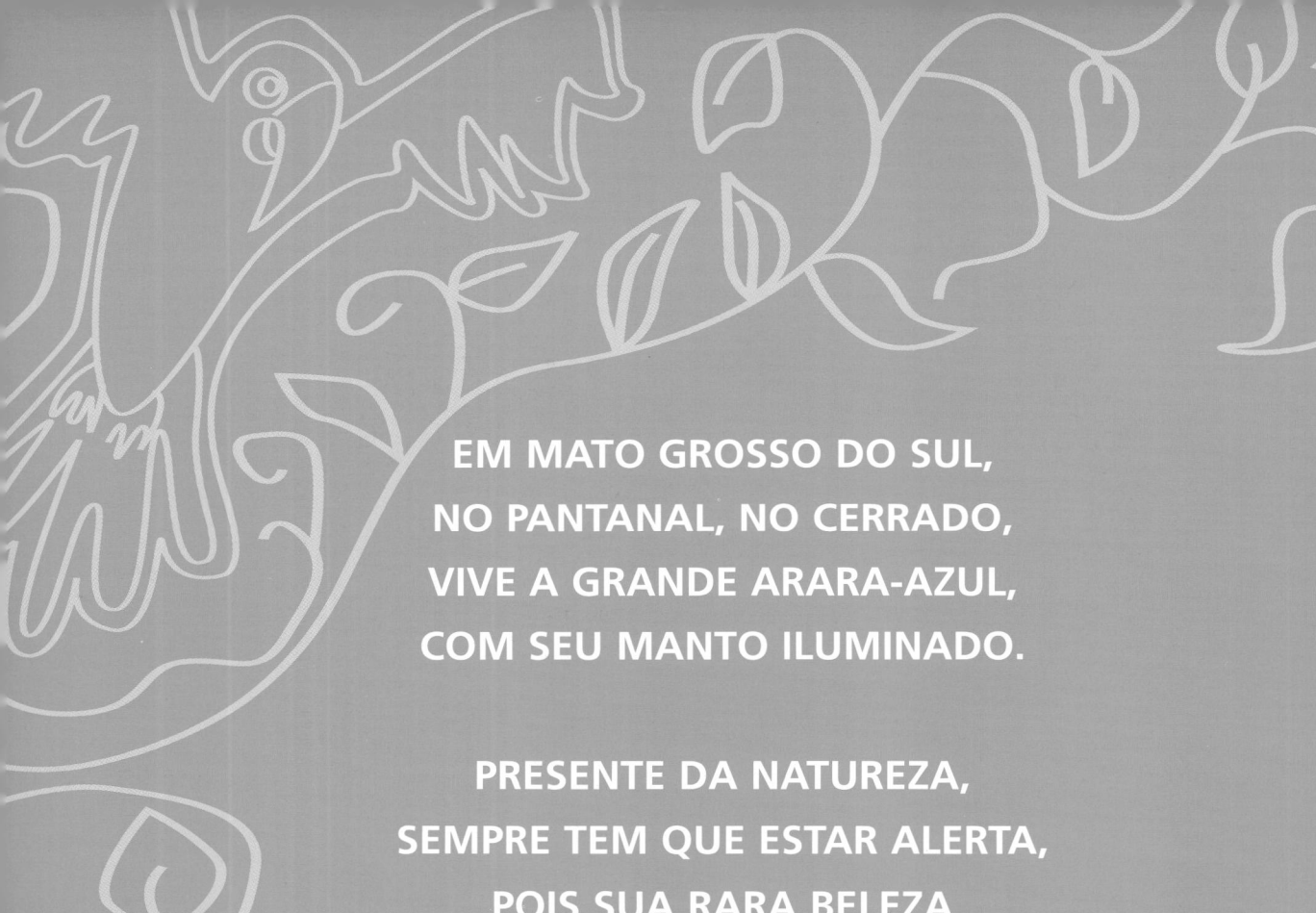

EM MATO GROSSO DO SUL,
NO PANTANAL, NO CERRADO,
VIVE A GRANDE ARARA-AZUL,
COM SEU MANTO ILUMINADO.

PRESENTE DA NATUREZA,
SEMPRE TEM QUE ESTAR ALERTA,
POIS SUA RARA BELEZA
MUITA COBIÇA DESPERTA.

INSPIRAM MUITA ALEGRIA
SUAS PENAS COLORIDAS.
NA ARTE E NA FANTASIA
SÃO AS CORES PREFERIDAS.

FORMAM CASAIS PERMANENTES,
SÃO UM EXEMPLO DE HARMONIA.
TROCAM SUSSURROS ARDENTES,
JUNTOS, CUIDAM DE SUAS CRIAS.

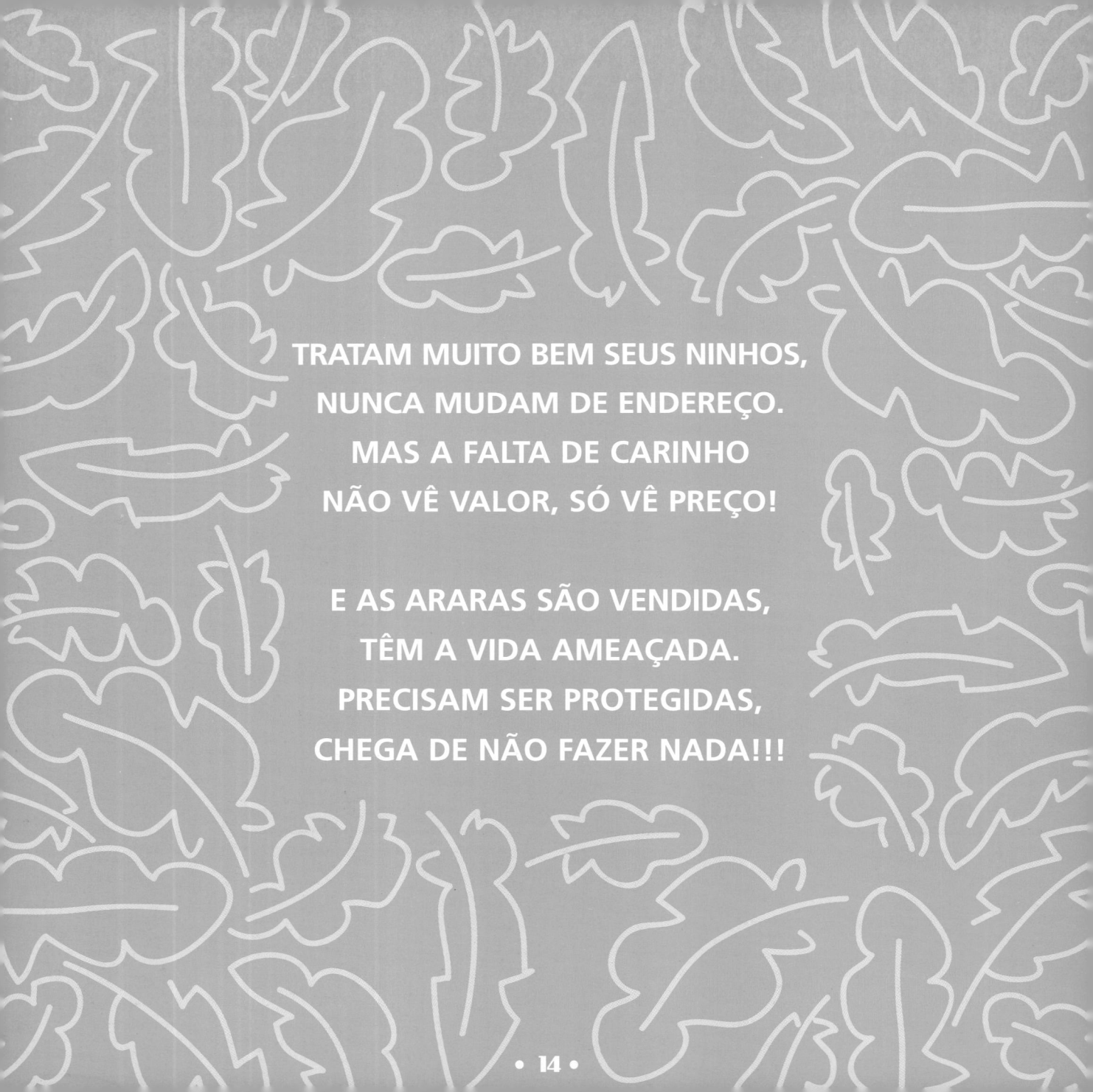

TRATAM MUITO BEM SEUS NINHOS,
NUNCA MUDAM DE ENDEREÇO.
MAS A FALTA DE CARINHO
NÃO VÊ VALOR, SÓ VÊ PREÇO!

E AS ARARAS SÃO VENDIDAS,
TÊM A VIDA AMEAÇADA.
PRECISAM SER PROTEGIDAS,
CHEGA DE NÃO FAZER NADA!!!

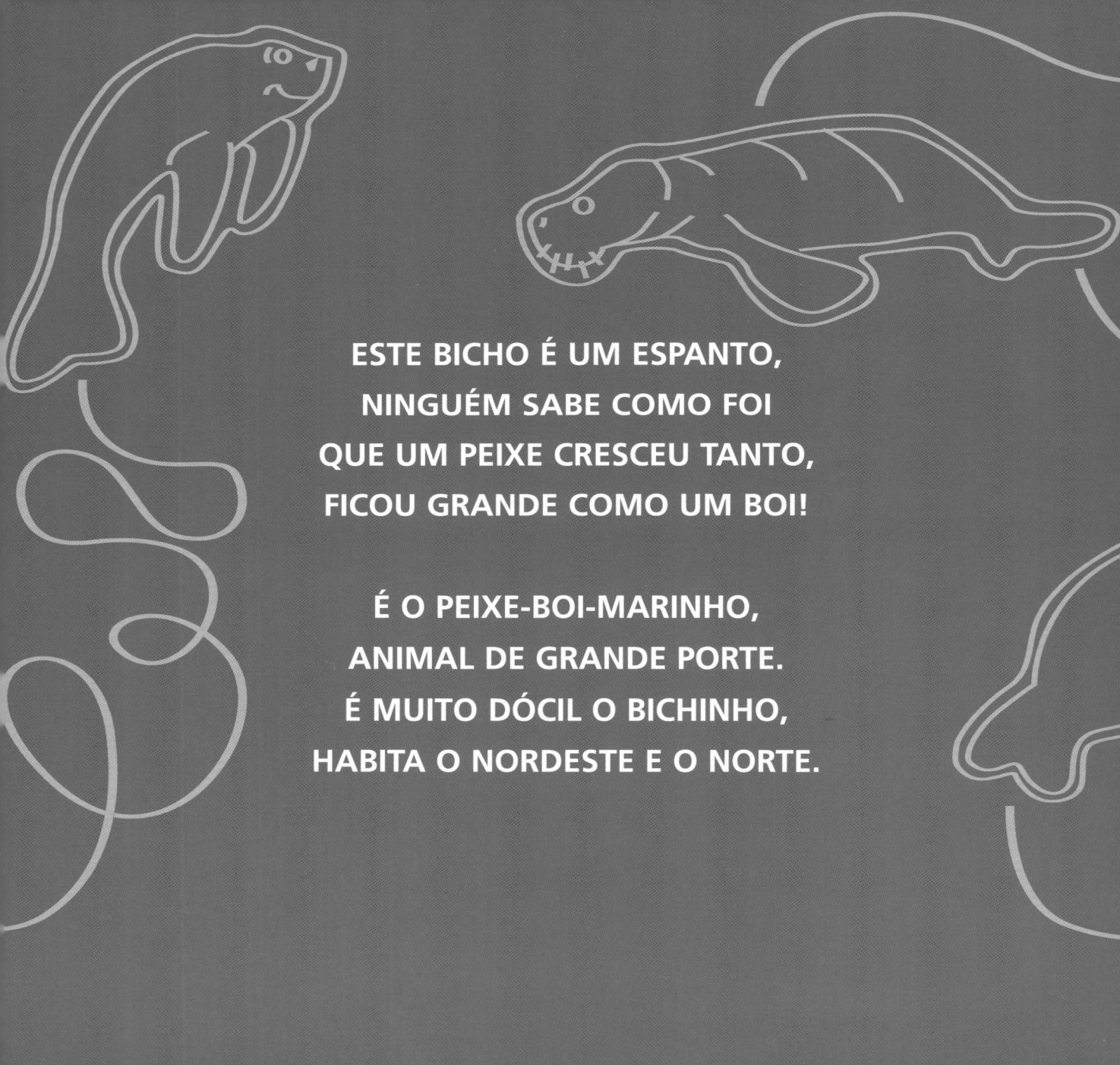

ESTE BICHO É UM ESPANTO,
NINGUÉM SABE COMO FOI
QUE UM PEIXE CRESCEU TANTO,
FICOU GRANDE COMO UM BOI!

É O PEIXE-BOI-MARINHO,
ANIMAL DE GRANDE PORTE.
É MUITO DÓCIL O BICHINHO,
HABITA O NORDESTE E O NORTE.

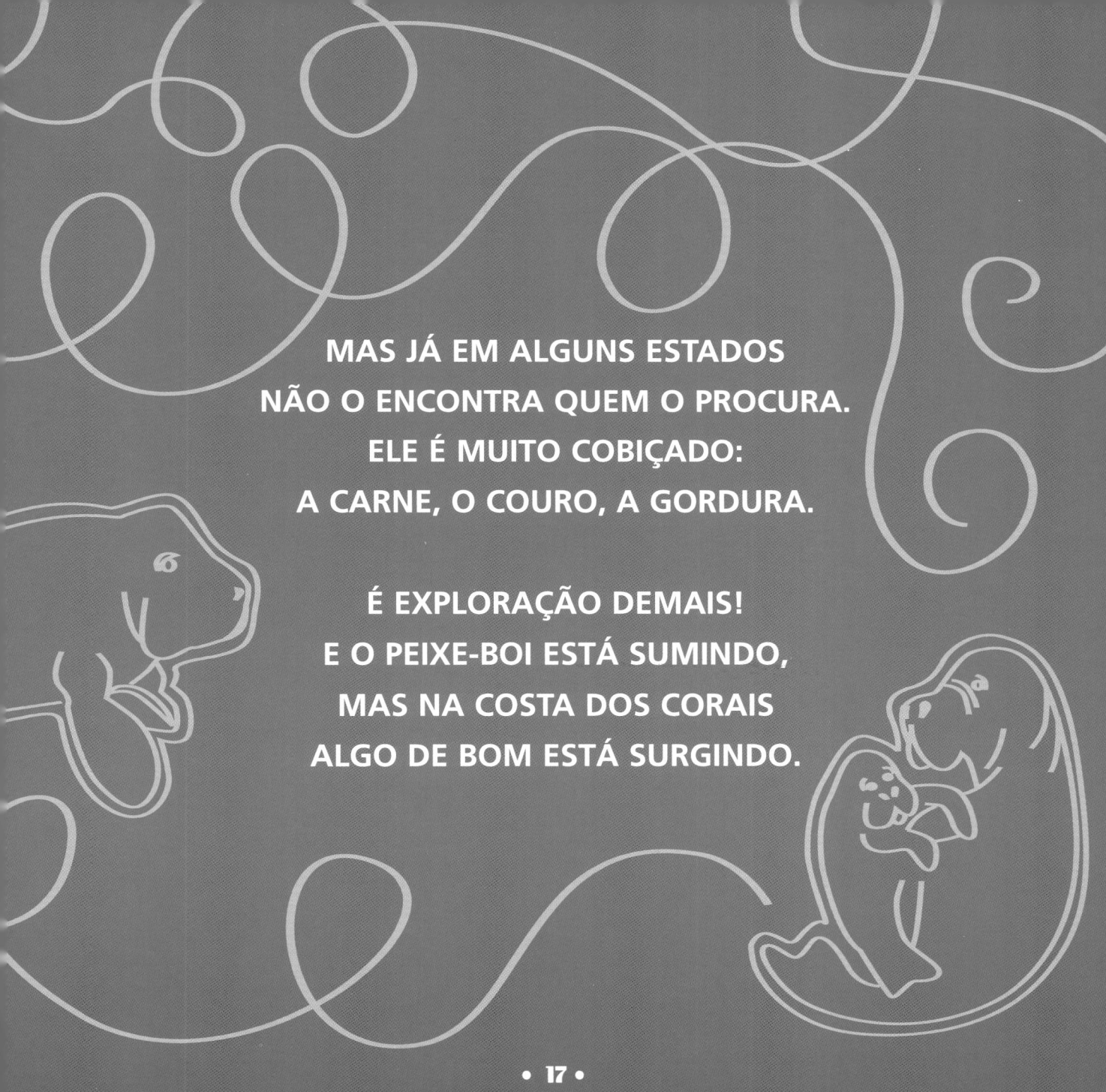

MAS JÁ EM ALGUNS ESTADOS
NÃO O ENCONTRA QUEM O PROCURA.
ELE É MUITO COBIÇADO:
A CARNE, O COURO, A GORDURA.

É EXPLORAÇÃO DEMAIS!
E O PEIXE-BOI ESTÁ SUMINDO,
MAS NA COSTA DOS CORAIS
ALGO DE BOM ESTÁ SURGINDO.

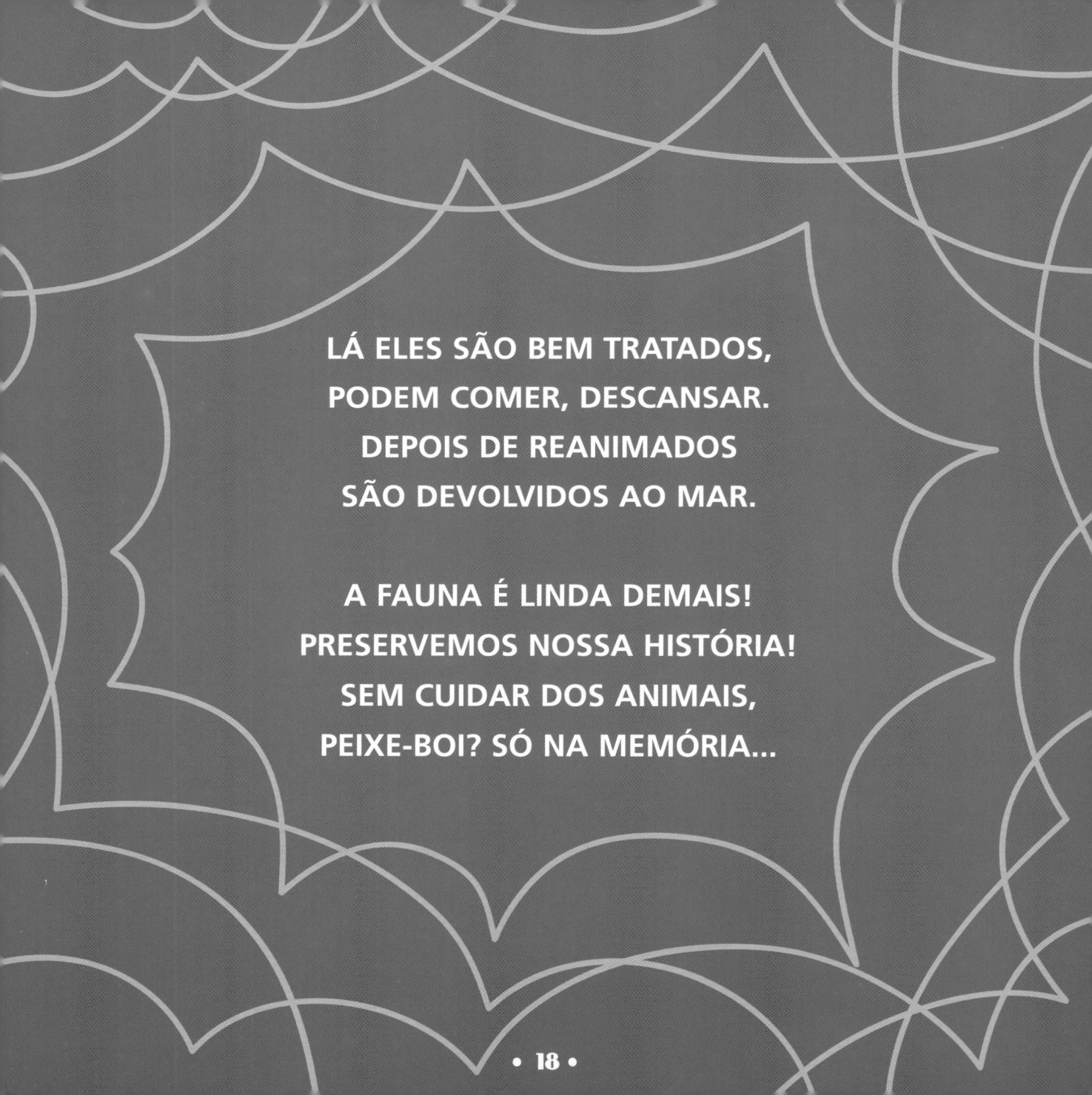

LÁ ELES SÃO BEM TRATADOS,
PODEM COMER, DESCANSAR.
DEPOIS DE REANIMADOS
SÃO DEVOLVIDOS AO MAR.

A FAUNA É LINDA DEMAIS!
PRESERVEMOS NOSSA HISTÓRIA!
SEM CUIDAR DOS ANIMAIS,
PEIXE-BOI? SÓ NA MEMÓRIA...

QUE GRANDE ANIMAL SIMPÁTICO!
QUE TALENTO PARA A ARTE!
QUE DESEMPENHO ACROBÁTICO!
VIVA A BALEIA-JUBARTE!

SEU OLHAR É MUITO ATENTO,
APESAR DAS TONELADAS
E DO ENORME COMPRIMENTO,
É VELOZ NA DISPARADA.

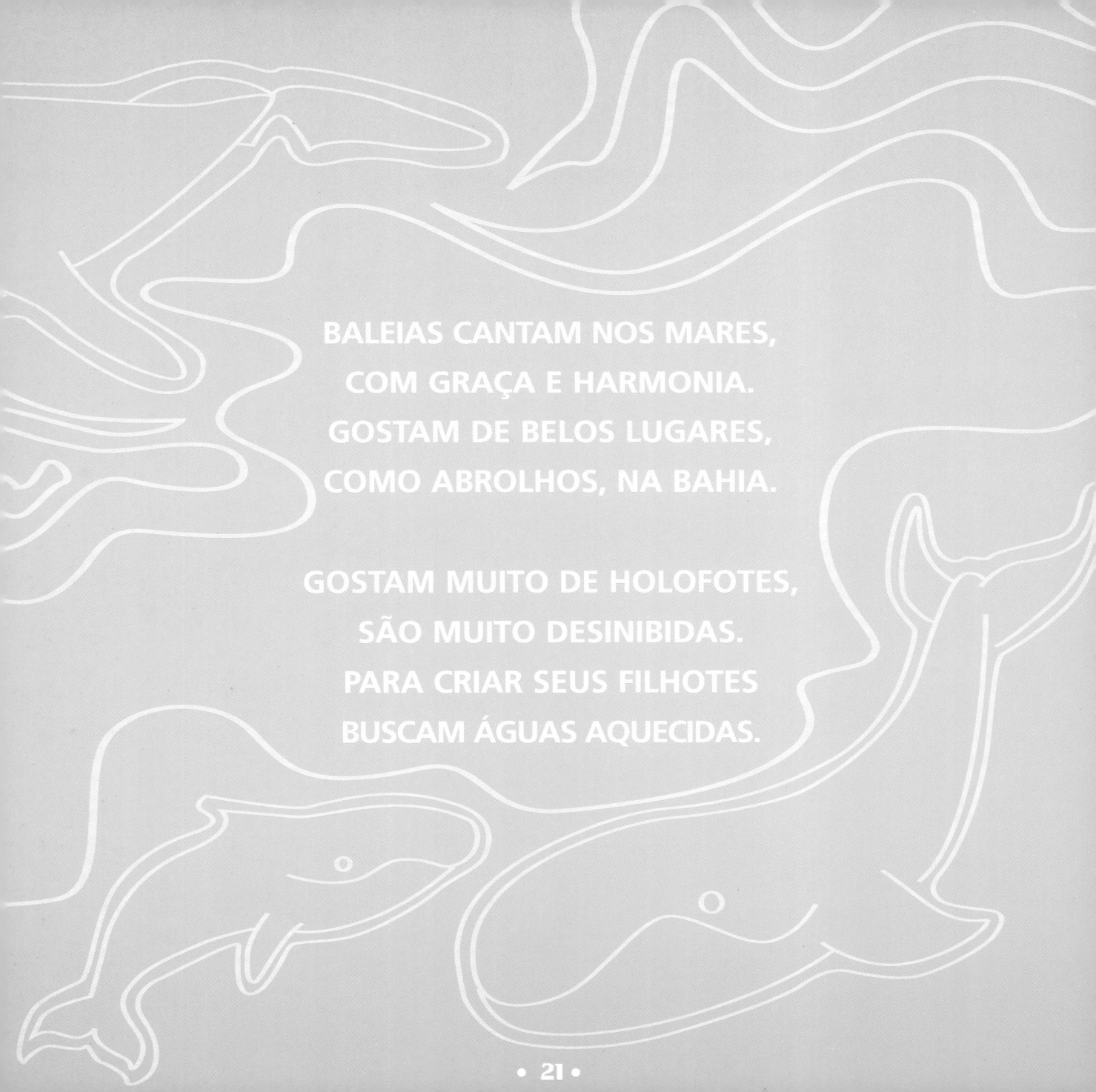

BALEIAS CANTAM NOS MARES,
COM GRAÇA E HARMONIA.
GOSTAM DE BELOS LUGARES,
COMO ABROLHOS, NA BAHIA.

GOSTAM MUITO DE HOLOFOTES,
SÃO MUITO DESINIBIDAS.
PARA CRIAR SEUS FILHOTES
BUSCAM ÁGUAS AQUECIDAS.

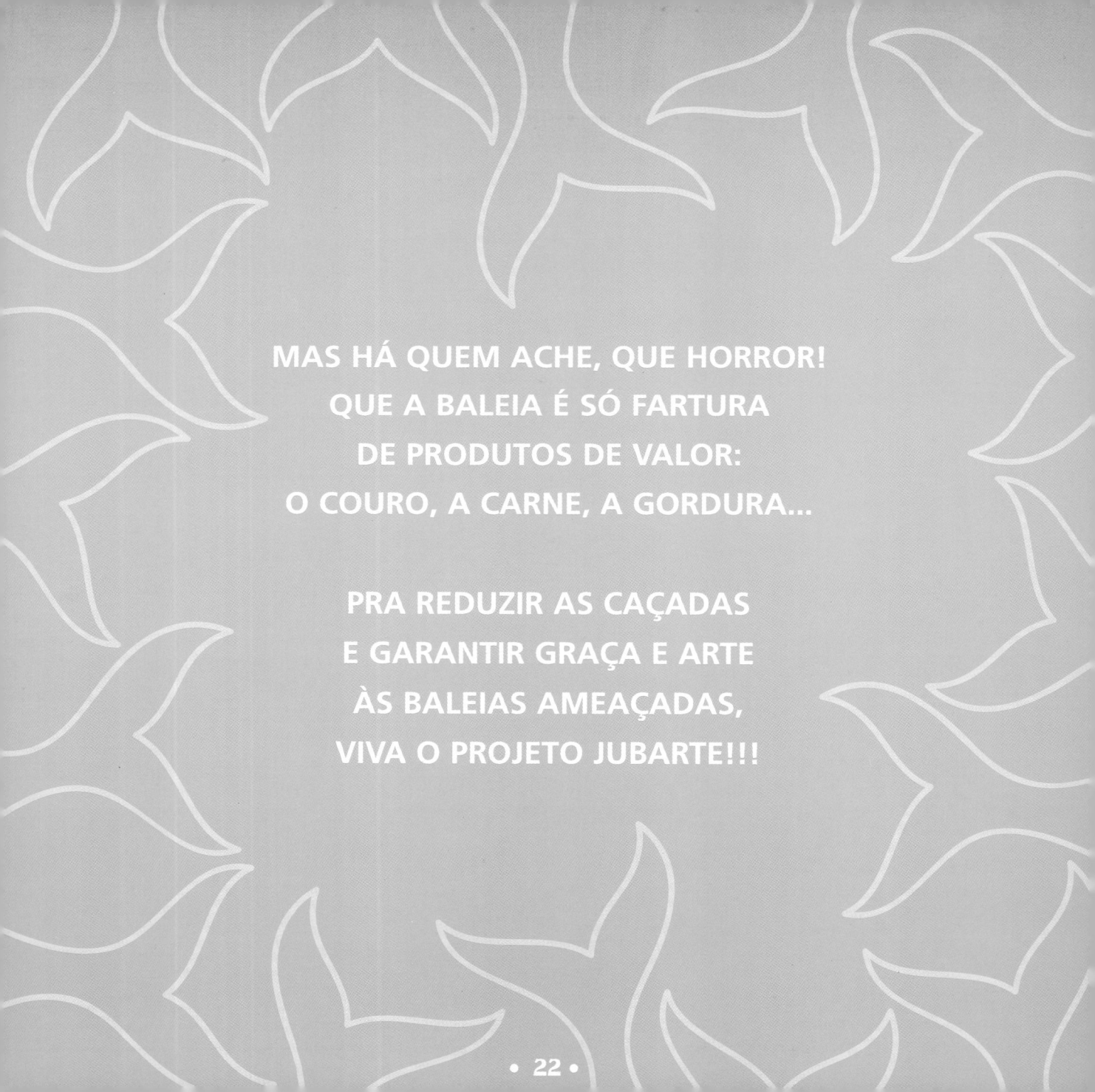

MAS HÁ QUEM ACHE, QUE HORROR!
QUE A BALEIA É SÓ FARTURA
DE PRODUTOS DE VALOR:
O COURO, A CARNE, A GORDURA...

PRA REDUZIR AS CAÇADAS
E GARANTIR GRAÇA E ARTE
ÀS BALEIAS AMEAÇADAS,
VIVA O PROJETO JUBARTE!!!

É TÃO BELA ESTA AVE!
TRAZ NO NOME A REALEZA,
TEM JEITO DE AERONAVE
E ASAS DE RARA BELEZA.

É O GAVIÃO-REAL,
UMA AVE DE RAPINA.
DE RAPINA, NÃO DO MAL:
SER PREDADOR É SUA SINA!

A MÃE CUIDA COM CARINHO
DO LAR, NA ÁRVORE ALTA.
E O PAI TRAZ PARA O NINHO
O ALIMENTO QUE FALTA.

SEU ASSOBIO É UM GRITO
PODEROSO, ESTRIDENTE.
ÀS VEZES, UM GRITO AFLITO
QUE DIZ: SALVEM O MEIO AMBIENTE!!!

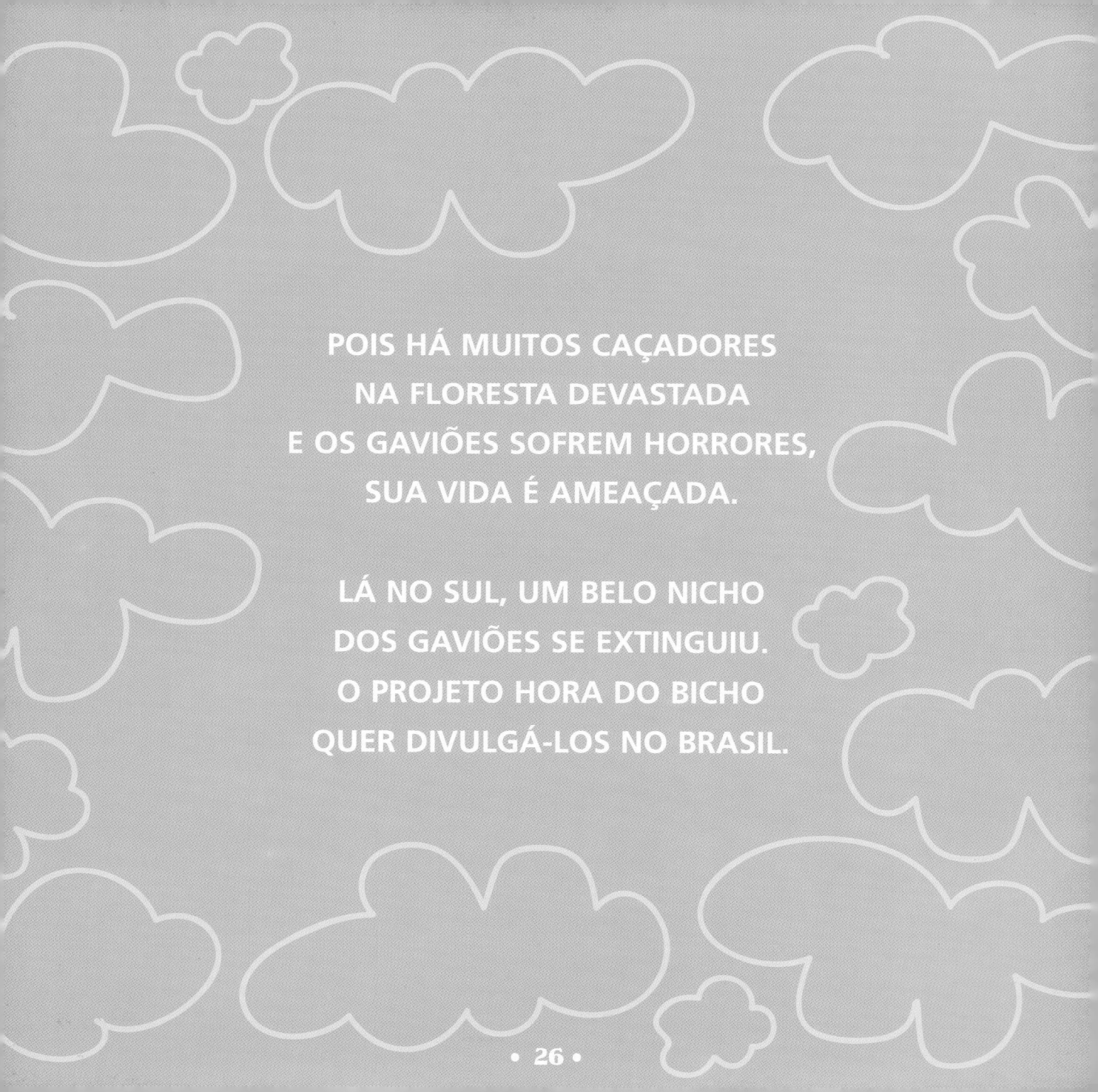

POIS HÁ MUITOS CAÇADORES
NA FLORESTA DEVASTADA
E OS GAVIÕES SOFREM HORRORES,
SUA VIDA É AMEAÇADA.

LÁ NO SUL, UM BELO NICHO
DOS GAVIÕES SE EXTINGUIU.
O PROJETO HORA DO BICHO
QUER DIVULGÁ-LOS NO BRASIL.

TARTARUGUINHA PEQUENININHA,
CABES NA PALMA DE MINHA MÃO!
MESMO TÃO BELA, TARTARUGUINHA,
CORRES PERIGO DE EXTINÇÃO!

TARTARUGUINHA CHEIA DE GRAÇA,
NINGUÉM DEVIA TE MACHUCAR!
PEQUENA OU GRANDE, ÉS BOA PRAÇA.
HÁ UM PROJETO PRA TE CUIDAR.

TAMAR É O NOME! TU ADIVINHAS
DE ONDE VEM NOME TÃO FORTE?
DE **TA**RTARUGA E DE **MAR**INHA.
GRANDE PROJETO, DO SUL AO NORTE!

AS TARTARUGAS, TÃO VAGAROSAS,
SÃO PRESAS FÁCEIS DOS CAPTORES.
ESSAS PESSOAS AMBICIOSAS
SEDUZEM ATÉ OS PESCADORES.

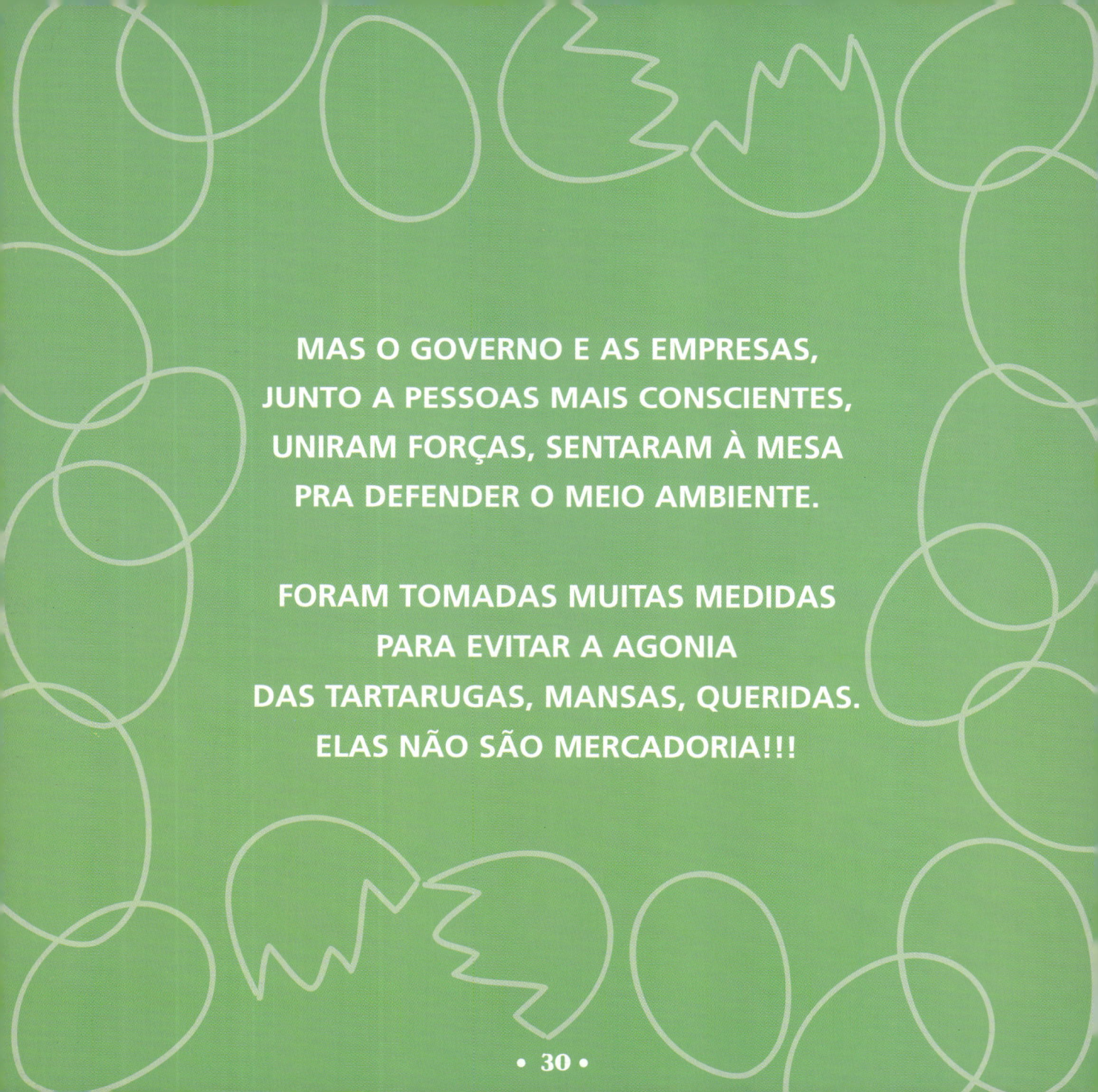

MAS O GOVERNO E AS EMPRESAS,
JUNTO A PESSOAS MAIS CONSCIENTES,
UNIRAM FORÇAS, SENTARAM À MESA
PRA DEFENDER O MEIO AMBIENTE.

FORAM TOMADAS MUITAS MEDIDAS
PARA EVITAR A AGONIA
DAS TARTARUGAS, MANSAS, QUERIDAS.
ELAS NÃO SÃO MERCADORIA!!!

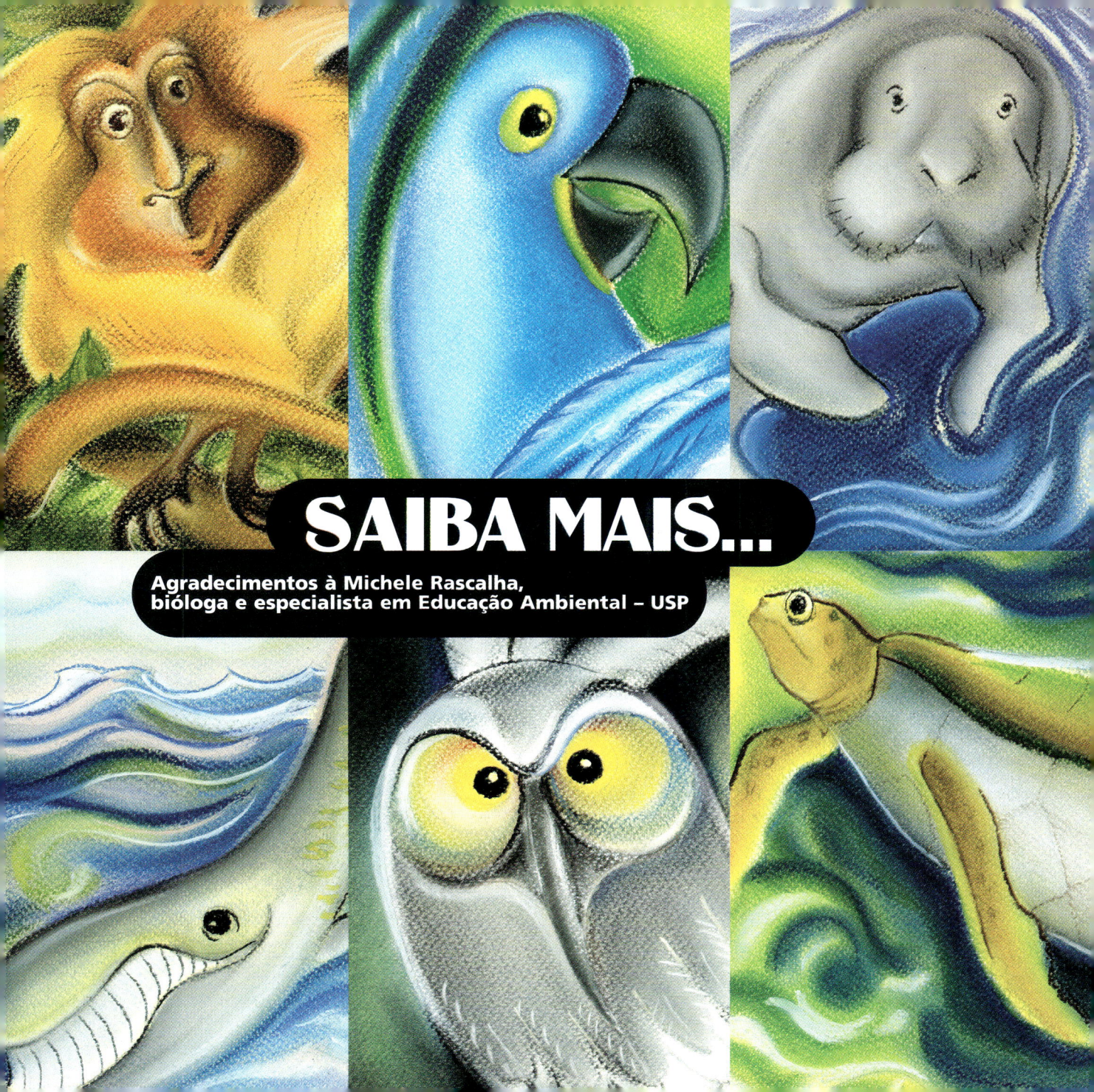

SAIBA MAIS...

Agradecimentos à Michele Rascalha, bióloga e especialista em Educação Ambiental – USP

SAIBA MAIS SOBRE O MICO-LEÃO-DOURADO

FAMÍLIA *Callitrechidae*
NOME CIENTÍFICO *Leontopithecus rosalia*
NOME COMUM mico-leão-dourado
DISTRIBUIÇÃO Floresta tropical no Sudeste do Brasil (na região do Rio de Janeiro). Precisa de 50 hectares para viver adequadamente.
PESO, MEDIDAS E CARACTERÍSTICAS De peso leve, em torno de 210 a 590 gramas, são os menores símios do mundo e atingem a média de 20 cm de altura. Entre os micos-leões, o recém-nascido não passa mais que quatro dias pendurado ao ventre materno. Depois disso, é o pai que o carrega, cuida dele, limpa-o e o penteia. A mãe só se aproxima na hora da mamada.
COMO NASCE E QUANTO VIVE As fêmeas geram 1 filhote ao ano num tempo de gestação que dura 145 dias. Vivem em média de 6 a 10 anos.
ALIMENTAÇÃO frutas, insetos, ovos de pássaros, cobras e sapos.

PROJETO DE CONSERVAÇÃO DO MICO-LEÃO-DOURADO

QUEM FAZ? Associação Mico-Leão-Dourado e Reserva Poço das Antas.
ONDE É FEITO? Na Reserva Biológica Poço das Antas, no Estado do Rio de Janeiro.
POR QUE FAZER? O mico-leão-dourado já esteve na lista dos animais criticamente ameaçados de extinção. Na década de 70, havia apenas 100 exemplares na natureza! Com o tempo este número tem subido, já tendo chegado a 1200. Entretanto, o mico-leão-dourado ainda é considerado um animal ameaçado de extinção devido à destruição e fragmentação de áreas de mata atlântica.
PARA QUE FAZER? Para estimular e monitorar o crescimento da população desses animais na natureza e contribuir para proteger seu ecossistema, que também é o abrigo de muitas outras espécies.
COMO É FEITO? Dentro da Reserva Biológica Poço das Antas, único parque do mundo criado para garantir a preservação dos micos-leões-dourados, animais criados em cativeiro são reintroduzidos na natureza com o acompanhamento de cientistas que monitoram seu cotidiano. Graças a uma parceria entre a Associação Mico-Leão-Dourado e a Reserva Poço das Antas, foi criado um programa para estimular empresas a adotarem famílias de mico-leão-dourado, financiando, assim, os trabalhos que incentivam sua reprodução na natureza.

Fonte: Repórter Eco, 4/7/2004 - Mico-Leão-Dourado - uma espécie símbolo na luta em defesa dos animais silvestres brasileiros.
http://www.tvcultura.com.br/reportereco
Alô Escola: Os pequenos leões da mata atlântica
http://www.tvcultura.com.br/aloescola/ciencias/pequenosleoes/
Associação Mico-Leão-Dourado/Reserva Biológica Poço das Antas
www.micoleao.org.br
www.pocodasantas.com.br

Saiba mais sobre a Arara-Azul

Família *Psittacidae*
Nome científico *Anodorhynchus hyacinthinus*
Nome comum arara-azul-grande
Distribuição geográfica Centro-oeste no Pantanal Mato-grossense, sul do Norte e Nordeste do Brasil, fazendo de seu hábitat as matas ciliares e os cerrados adjacentes.
Peso, Medida e Características Pesa em torno de 1,5 kg, mede de 98 cm a 1,13 m. Da família é a maior do mundo. Suas asas medem de 40 a 44 cm. É vista em bandos de 15 a 20 indivíduos.
Como nasce e quanto vive O casal, depois do acasalamento, mantém união por toda a vida. O período de incubação é de 28 a 30 dias. O casal se reveza para os cuidados com os filhotes e não muda de endereço. Vive em torno de 30 a 50 anos.
Alimentação vários tipos de cocos, sementes e frutas.

Projeto de Conservação da Arara-Azul

Quem faz? Projeto Arara-Azul.
Onde é feito? Refúgio Ecológico Caiman, empreendimento turístico pioneiro no Pantanal sul-mato-grossense.
Por que fazer? A distribuição original da arara-azul abrangia Mato Grosso e Mato Grosso do Sul e parte dos estados de Goiás, Minas Gerais, Bahia, Piauí, Maranhão e do Pará. Devido à captura ilegal para o comércio nacional e internacional, à descaracterização do seu hábitat e à coleta de penas para adornos indígenas e carnavalescos, tornou-se uma espécie ameaçada de extinção.
Para que fazer? Para proteger a espécie e estimular sua reprodução, aumentando o número de araras-azuis na natureza.
Como é feito? O projeto desenvolve ações que vão desde estudos técnicos sobre reprodução e comportamento da espécie e de seu hábitat até atividades de Educação Ambiental. Os casais de araras-azuis reproduzem-se em ninhos artificiais, instalados a partir de técnicas de alpinismo utilizadas pelos ambientalistas para a instalação de ninho no oco das árvores, que devem ser bem altas.

Fonte: www.caiman.com.br
www.ambientebrasil.com.br
Repórter Eco, 1/8/2004 - *Projeto tenta salvar a arara-azul da extinção.*
http://www.tvcultura.com.br/reportereco

Saiba mais sobre o Peixe-Boi-Marinho

Família *Trichechidae*
Nome científico *Trichechus manatus*
Nome comum peixe-boi-marinho
Distribuição Sudeste dos Estados Unidos, Golfo do México, Mar do Caribe e costa do Atlântico, ocorrendo nos Estados de Alagoas até o Amapá, com áreas de descontinuidade em Pernambuco, Ceará, Maranhão e Pará.
Peso, Medidas e Características Mamífero aquático de grande porte, corpo pesado, semelhante ao peixe-boi da Amazônia, porém de maior tamanho, chegando a pesar 1590 kg e a medir 4,5 m. De movimentos lentos e letárgicos, normalmente é visto sozinho ou em grupos de até seis indivíduos.
Como nasce e quanto vive Busca águas tranqüilas próximas a manguezais para o acasalamento e o parto, possui baixa taxa reprodutiva, a fêmea tem um filhote a cada três anos. O tempo de gestação é de um ano e o tempo de amamentação é de dois anos. Nasce apenas um filhote a cada gestação. Seu tempo de vida é de 50 anos.
Alimentação Alimenta-se de plantas aquáticas, algas e partes da vegetação de mangues.

Projeto de Conservação do Peixe-Boi-marinho

Quem faz? Projeto Peixe-Boi – Ibama.
Onde é feito? Na costa dos Corais, Porto de Pedras, litoral Norte de Alagoas, a cerca de cem quilômetros de Maceió.
Por que fazer? O peixe-boi-marinho já habitou doze Estados do Norte e do Nordeste brasileiro. Hoje é considerado extinto na Bahia, Sergipe e Espírito Santo. A população é de apenas cerca de quinhentos indivíduos devido à caça para consumo da carne, do couro e da gordura.
Para que fazer? Para tentar salvar o mamífero da ameaça de extinção e repovoar as áreas do Nordeste brasileiro, onde o mamífero aquático tinha desaparecido. Para preservar a história, já que é um animal que existe há 50 milhões de anos.
Como é feito? Os animais são criados e reabilitados em cativeiro, pois, muitas vezes chegam adoentados. Depois, é desenvolvido um trabalho de reintegração à natureza e quando soltos esquecem seus instintos e precisam de monitoramento. Além disso, são desenvolvidos trabalhos de Educação Ambiental para conscientizar as pessoas sobre a importância de conservar essa espécie.

Fonte: Repórter Eco, 30/1/2005 - *A tentativa de repovoar o litoral do Nordeste com o peixe-boi-marinho.*
http://www.tvcultura.com.br/reportereco
ttp://www.projetopeixe-boi.com.br
MMA/SINIMA

Saiba mais sobre a Baleia-Jubarte

Família *Balaenopteridae*
Nome científico *Megaptera novaeangliae*
Nome comum baleia-jubarte, baleia-preta, baleia-corcunda, baleia-cantora.
Distribuição Espécie cosmopolita. No verão, alimenta-se próximo aos pólos e no inverno migra para os trópicos para a reprodução e cria dos filhotes. Possui hábitos costeiros, mas pode ser encontrada também em ilhas oceânicas como Fernando de Noronha e Trindade. No Brasil, ocorre desde o Rio Grande do Sul até o Nordeste.
Peso, medidas e características Corpo robusto. Adultos, em geral, medem entre 12 e 16 m e podem pesar mais de 40 toneladas.
Como nasce e quanto vive Em épocas de reprodução, busca locais mais aquecidos como Abrolhos, na Bahia. A gestação dura cerca de 1 ano. As fêmeas dão à luz um único filhote que, ao nascer, mede cerca de 5 m e pesa 1,5 tonelada. A amamentação dura de 6 a 10 meses. O intervalo médio entre as crias é de 2 anos. Pode viver, pelo menos, 40 anos.
Alimentação Alimenta-se de krill, copépodos e pequenos peixes que formam cardumes. Possui uma série de técnicas alimentares altamente especializadas.

Projeto de Conservação da Baleia-Jubarte

Quem faz? Instituto Baleia Jubarte, criado em abril de 1996.
Onde é feito? Na região do Arquipélago de Abrolhos (Parque Nacional Marinho dos Abrolhos), no Sul da Bahia
Por que fazer? A caça indiscriminada reduziu quase todas as populações de baleias do planeta. As baleias-jubarte, cuja população mundial antes da caça era cerca de 150.000 indivíduos, hoje estimam-se 25.000 baleias em todos os oceanos.
Para que fazer? Para estudar e proteger as baleias na época de cria e reprodução e contribuir para a melhoria da qualidade de vida das comunidades litorâneas da região onde o projeto é realizado. Realizar estudos do DNA e de sua vocalização (a mais expressiva dentre todas as baleias) que muda de repertório a cada estação ou época de acasalamento.
Como é feito? O Instituto Baleia Jubarte conta com colaboradores envolvidos na realização de atividades, entre biólogos, oceanógrafos, fotógrafos, técnicos em Educação Ambiental e equipe administrativa. Os recursos são obtidos através de patrocínios. Porém, como são insuficientes, complementa-se a captação através de material de divulgação (camisetas, adesivos, chaveiros, bonés...) e doações.

Fonte: http://www.petfriends.com.br/enciclopedia/esp_outros/outros_enciclopediabaleiajubarte.htm
www.baleiajubarte.com.br
Instituto Baleia Jubarte

Saiba mais sobre o Gavião-Real

Família *Accipitridae*
Nome científico *Harpia harpyja*
Nome comum gavião-real
Distribuição América do Sul e Central, fazendo de seu hábitat as florestas tropicais.
Peso, medidas e características Pesa em torno de 10 kg e mede 2 m.
Como nasce e quanto vive Em árvores altas, o ninho é uma plataforma de galhos. Dois ovos são postos, mas apenas um sobrevive. A fêmea é a principal responsável pelo choco. Vive aproximadamente 40 anos.
Alimentação Pequenos mamíferos e aves. Como é um predador, captura com mais facilidade animais fracos e doentes, contribuindo para a seleção de espécies.

Projeto de Conservação do Gavião-Real

Quem faz? Instituto Nacional de Pesquisas da Amazônia (Inpa), em parceria com a Embrapa e o Ibama.
Onde é feito? Assentamento Vila Amazônia, em Parintins, Amazonas.
Por que fazer? O gavião-real já esteve na lista de animais ameaçados de extinção. Em 2005, graças a esforços de conservação, a espécie conseguiu sair da lista, mas precisa de ajuda para que sua população não seja reduzida novamente.
Para que fazer? Para monitorar e conservar a espécie em seu ambiente natural.
Como é feito? Ninhos de gavião-real são monitorados por pesquisadores do Instituto Nacional de Pesquisas da Amazônia (Inpa). O monitoramento é realizado com o objetivo de verificar se os ninhos estão ativos e, em caso positivo, são realizados trabalhos para a conservação do local, de modo a ajudar na preservação da espécie.

Fonte: Agência CT, 11/03/2005 - Inpa monitora dois novos ninhos de gavião-real em assentamento: pesquisadores e comunitários se unem para ajudar a preservar a espécie.
Atenção: Existe também um projeto de divulgação de animais em extinção intitulado "A hora do bicho", do Zoológico do Rio Grande do Sul, localidade em que já está praticamente extinta a espécie, só havendo um casal neste zôo.

Fonte: http://www.fzb.rs.gov.br/novidades/bichomesgaviao.htm
http://www.ambientebrasil.com.br

Saiba mais sobre a Tartaruga-Verde

Família *Cheloniidae*
Nome Científico *Chelonia mydas*
Nome comum tartaruga-verde
Distribuição Todos os mares temperados e tropicais do mundo, sendo o seu hábitat as águas costeiras com muita vegetação, ilhas ou baías, onde estão protegidas, sendo raramente avistadas em alto-mar. Ocorrem no litoral brasileiro.
Peso, Medidas e Características Até 250 kg em média, podendo atingir 1,2 m de casco e possuem quatro placas laterais de cor verde ou verde-acinzentado-escuro.
Como nasce O acasalamento ocorre no oceano, por mecanismo ainda não totalmente conhecido. As fêmeas localizam suas praias natais para desova durante o verão. Cuidadosamente, então, confeccionam ninhos na areia, que irão abrigar por cerca de dois meses, em torno de 120 ovos. Se a temperatura de incubação exceder os 30 °C, os filhotes serão preferencialmente fêmeas e menos que 29 °C, serão machos.
Alimentação Varia consideravelmente durante o ciclo de vida: até atingirem 30 cm de comprimento, alimenta-se essencialmente de crustáceos, insetos aquáticos, ervas marinhas e algas; acima de 30 cm, comem principalmente algas; é a única tartaruga-marinha que é estritamente herbívora em sua fase adulta.

Projeto de Conservação das Tartarugas-Marinhas

Quem faz? Projeto Tamar – Ibama.
Onde é feito? Litoral brasileiro.
Por que fazer? As tartarugas-marinhas estavam desaparecendo rapidamente por causa da captura incidental em atividades de pesca, da matança das fêmeas e da coleta dos ovos na praia.
Para que fazer? Para proteger as tartarugas-marinhas e apoiar o desenvolvimento das comunidades costeiras.
Como é feito? É executado pelo Ibama, através do Centro Brasileiro de Proteção e Pesquisa das Tartarugas-Marinhas (Centro Tamar-Ibama), órgão governamental; e pela Fundação Centro Brasileiro de Proteção e Pesquisas das Tartarugas Marinhas (Fundação Pró-Tamar). As atividades são organizadas a partir de três linhas de ação: Conservação e Pesquisa Aplicada, Educação Ambiental e Desenvolvimento Local Sustentável. Sob o abrigo da proteção das tartarugas, promove-se também a conservação dos ecossistemas marinho e costeiro e o desenvolvimento sustentável das comunidades próximas às bases.

Fonte: http://www.projetotamar.com.br/ta_espe.asp
Instituto Oceanográfico USP.

Silmara Rascalha Casadei

Nílson José Machado

Vera Andrade

Nasceu em São Paulo (capital), é pedagoga e professora de crianças e jovens há 25 anos. É autora de projetos de Educação Familiar, Educação Infanto-Juvenil e Educação para a Paz, dentre eles: Programa Convivendo e Aprendendo em Família, Programa de Qualidade de Vida para Crianças e é co-autora do Projeto Voluntários da Paz. Escritora e poetisa, tem ao todo 14 livros publicados, entre eles *Orvalhinho – O Médico de Corações, O Barãozinho, Leia para Crianças, Solidariedade na Escola Cidadã, O Mundo Encantado, Poemas dos Campos* e *Poemas do Mar*. Sobre *Seis Razões para Amar a Natureza*, diz: "Participar da produção deste livro me ensinou que na diversidade as coisas ficam muito melhores do que imaginamos. Esta é mais uma das razões para amarmos a natureza."

Nasceu em Olinda, Pernambuco, mas vive em São Paulo desde 1969, quando chegou para estudar e foi ficando... É professor de cursos de graduação e pós-graduação na Faculdade de Educação da Universidade de São Paulo (USP). Escreveu diversos livros, frutos de seu trabalho acadêmico, como *Matemática e Língua Materna, Epistemologia e Didática, Cidadania e Educação, Educação – Projetos e Valores* e *Conhecimento e Valor*. Também é autor de mais de uma dezena de livros infantis, todos escritos em linguagem poética – *Bichionário, Lua e Sol, Cidadania é Quando..., Anão e Gigante* – e a coleção *Histórias de Contar*, que já abriga seis títulos: *Contando de Um a Dez, Contando com o Relógio, Amigos para Ler e Contar, Contando com o Espelho, O Pirulito do Pato* e *A Peteca do Pinto*.

Formada em Comunicação Visual pela FAAP, foi professora de Artes Plásticas, diagramadora, *designer* gráfica, diretora de arte e é ilustradora e autora de histórias infantis, entre elas, algumas para o site *Mais Divertido,* da Nestlé: *Os óculos do vovô, Deixa que eu faço!, O camelo e a pingüim* e *O dente do coelho Dimba*. Nasceu em São Paulo (capital), onde mora com seu marido.
Adora animais e gostaria que nenhum deles se extinguisse. Seu preferido? O peixe-boi-marinho, mas aqui na cidade, curte mesmo é um gatinho!
Gostou muito de ilustrar e de participar deste projeto, que tem um objetivo muito nobre que é o da preservação da natureza.

Impresso em São Paulo, SP, em dezembro de 2005,
com miolo em cuchê fosco 150 g/m^2,
nas oficinas da Palas Athena.
Composto em Frutiger 16pt.

Não encontrando esta publicação nas livrarias,
solicite-a diretamente à editora.

Escrituras Editora e Distribuidora de Livros Ltda.
Rua Maestro Callia, 123
04012-100 – Vila Mariana – São Paulo, SP
Tel.: (11) 5082-4190
escrituras@escrituras.com.br (Administrativo)
vendas@escrituras.com.br (Vendas)
imprensa@escrituras.com.br (Imprensa)
http://www.escrituras.com.br